小小冒险家 编绘

畅游欧洲

 人文版

中国铁道出版社
CHINA RAILWAY PUBLISHING HOUSE

献给勇于探索的小朋友们

小朋友，你们想要来一场开阔眼界的探索之旅吗？

在精美的手绘地图上面，你可以真切地了解到欧洲可爱的山水。通过形象有趣的小插图，你又可以感受到欧洲各地的风土人情。

喜欢海的小朋友，可以在蔚蓝广阔的地中海畅游；喜欢山的小朋友，可以去白雪皑皑的阿尔卑斯山远足；喜欢历史的小朋友，可以来阅读罗马帝国的精彩故事；喜欢艺术的小朋友，千万不要错过巴黎和维也纳等欧洲名城……通过这次勇敢的探索，小朋友们将会看到一个精彩纷呈的欧洲。

为了让小朋友们更好地利用这本书，我们做了以下几方面的努力：

- 超大开本，为你详尽地展示欧洲之美
- 精美的手绘元素，为你插上畅想的翅膀
- 精炼的词条解释，让你看到图更读懂图
- 国旗贴纸，可以贴在你喜欢的任何地方
- 趣味题卡，你想了解的小秘密都藏在这里

小朋友们，准备好了吗？神奇的探索之旅开始啦！

4-5	欧洲那么大
6-7	欧洲铁路
8-9	罗马帝国
10-11	文艺复兴
12-13	第一次世界大战
14-15	英国
16-17	伦敦
18-19	法国
20-21	巴黎
22-23	比利时
24-25	荷兰
26-27	瑞士
28-29	德国

目录

30-31	奥地利	56-57	罗马
32-33	维也纳	58-59	威尼斯
34-35	匈牙利	60-61	希腊
36-37	捷克	62-63	土耳其
38-39	波兰		
		64-65	俄罗斯
40-41	丹麦	66-67	莫斯科
42-43	瑞典		
44-45	芬兰	68-69	阿尔卑斯山
46-47	挪威	70-71	爱琴海
48-49	冰岛	72-73	地中海
		74-75	多瑙河
50-51	西班牙	76	莱茵河
52-53	葡萄牙		
54-55	意大利		

图拉真是罗马帝国著名的贤明皇帝。他在位时期，将罗马帝国的疆域扩张到历史最大范围。他还巩固了国家的经济和社会制度，获得了罗马元老院赠予的"最佳元首"称号。

08 畅游欧洲

马可·奥勒留是著名的"哲学家皇帝"。他具有非凡的军事才能，为了帝国的稳定征战四方。他在 166 年派遣使者前往中国，这是罗马与中国的首次正式交流。他著作的《沉思录》被誉为西方史上最感人的伟大名著。

拉丁字母也称"罗马字母"，是世界上使用最广泛的字母文字体系。它由希腊字母发展而来，后来成为罗马人的文字。由于罗马帝国的文化对整个欧洲的巨大影响，拉丁字母也对后来欧洲各国的语言文字产生了深远的影响。

大西洋

罗马士
有一套精
武器装

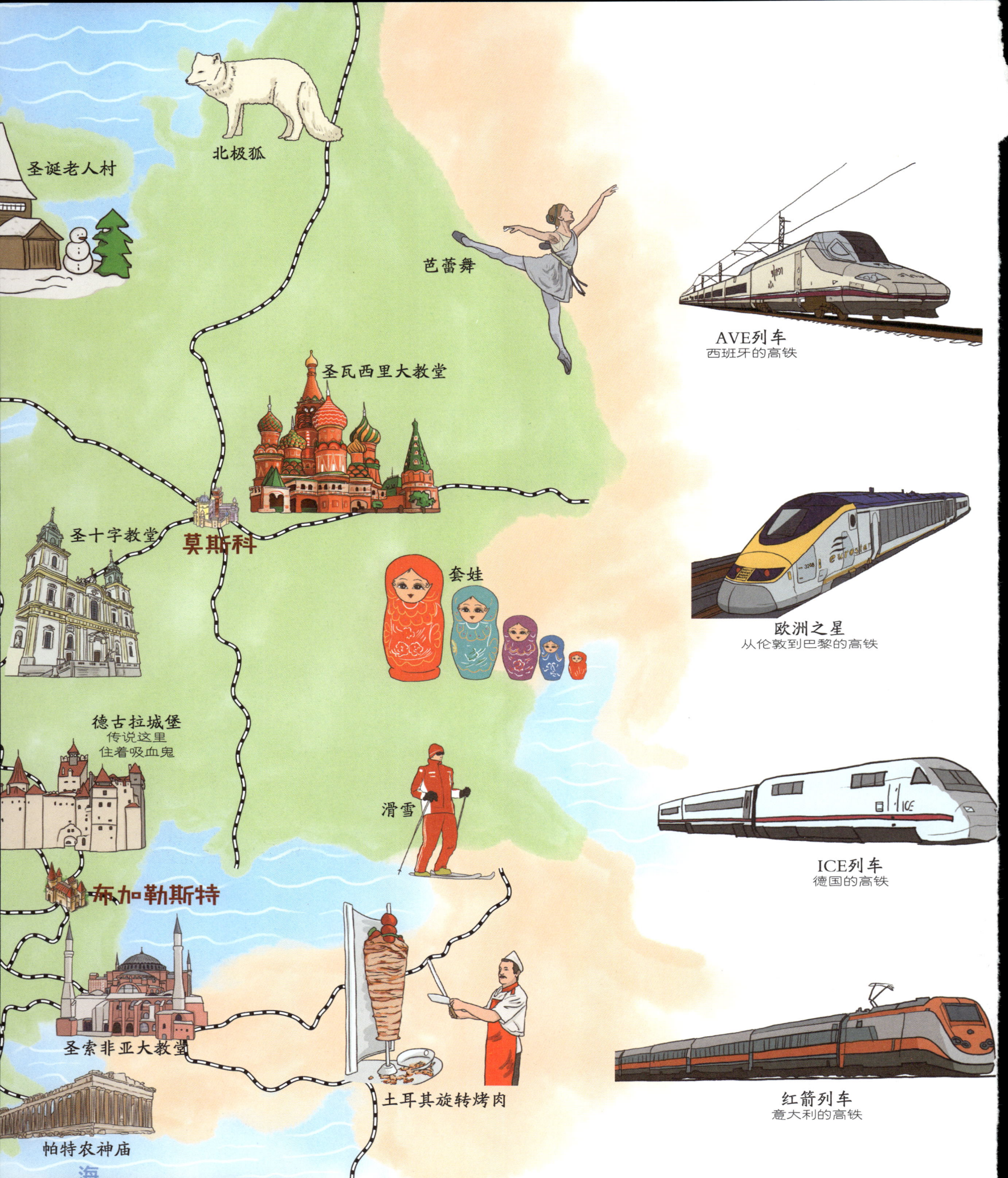

米开朗基罗是文艺复兴时期伟大的绘画家、雕塑家和建筑师，他代表着文艺复兴时期雕塑艺术的最高水平。他的雕刻作品刚劲有力、气魄宏大，体现了生机勃勃的人文主义精神。《大卫》雕像和西斯廷教堂的天顶壁画是他的代表作，他还参与了圣彼得大教堂的设计建造。

《十日谈》由乔万尼·薄伽丘所著，是欧洲文学史上第一部现实主义巨著。它通过10名男女人物口述的100个故事，批判了天主教会的黑暗和罪恶，主张"幸福在人间"。这也被视为文艺复兴的宣言。

佛罗伦萨是世界著名的艺术之都，文艺复兴运动的发祥地。在佛罗伦萨美第奇家族的保护和资助下，达·芬奇、米开朗基罗等人创造了大量传世的经典建筑、雕塑和绘画作品，让这座城市成为文艺复兴的中心。

伽利略
发明了天文望远镜

培根
哲学家

托马斯·莫尔
写下名著《乌托邦》

伦敦

大西洋

凡尔赛宫

巴黎

麦哲伦
完成环球航行

望远镜　罗盘

拉伯雷
代表作《巨人传》

弗朗索瓦一世
法国的文艺国王

哥伦布
登陆美洲大陆

笛卡儿
数学家

托莱多市政厅

托莱多

热罗尼莫斯修道院
里斯本

卡蒙斯
葡萄牙诗人

《堂吉诃德》

塞万提斯
代表作《堂吉诃德》

哥特步兵

哥特骑兵
公元2世纪时涌入
罗马帝国东北部

阿提拉
5世纪时
多次入侵罗马

罗马百夫长
统领百人左右
的军团

君士坦丁堡
324年成为
罗马帝国新首都

君士坦丁大帝
建造了新首都
君士坦丁堡

以弗所
古希腊人
建造的城市

底格里斯河

幼发拉底河

橄榄树

耶路撒冷

开罗

琉璃制品

罗马元老院
由许多德高望重
的人组成

黑海

红海

尼罗河

钱币

文艺复兴

文艺复兴发生在14世纪到16世纪，是一场著名的思想文化运动。它首先在意大利的佛罗伦萨等城市兴起，之后蔓延到西欧各国。人们在这一时期借助复兴古希腊、罗马文化来表达自己，反对宗教的思想压迫。文艺复兴在知识、社会和政治等方面都引发了巨大的变革，达·芬奇、米开朗基罗等人让这一时期的艺术成就尤为突出。

但丁是文艺复兴的先驱，他用意大利方言写下了大量的诗歌，批评和揭露了中世纪宗教统治的腐败和愚昧。他被誉为中世纪的最后一位诗人和新时代的第一位诗人，他的代表作《神曲》对后世的诗歌创作有着深远的影响。

莎士比亚是欧洲文艺复兴时期最重要的作家之一。他一生完成了30多部戏剧和150多首诗歌，《罗密欧与朱丽叶》《哈姆雷特》等作品都已成为永垂不朽的经典。莎士比亚在写作过程中创造的许多新单词流传至今，并在日常生活中得到广泛使用。

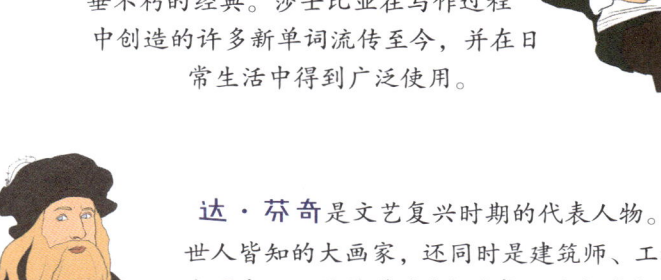

达·芬奇是文艺复兴时期的代表人物。他除了是一个世人皆知的大画家，还同时是建筑师、工程师、数学家、发明家……他被誉为"文艺复兴时期最完美的代表人物"，《最后的晚餐》《蒙娜丽莎》是他最著名的杰作。

《罗密欧与朱丽叶》

汉堡

托马斯·闵采尔
德国农民战争的领袖

马丁·路德
发起宗教改革运动

文艺复兴服饰

科隆

古登堡
让印刷变得更简单

丢勒
他的版画很出名

维也纳

提香
被誉为油画之父

哥白尼
认为太阳是宇宙的中心

美第奇家族
文艺复兴的赞助商人

热那亚

威尼斯

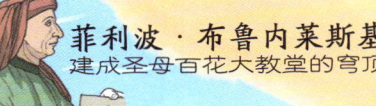
菲利波·布鲁内莱斯基
建成圣母百花大教堂的穹顶

彼特拉克

佛罗伦萨

罗马

那不勒斯

拉斐尔
创作了大量的圣母像

帕莱斯特里那
音乐家

圣彼得大教堂

布鲁诺
因为宣扬日心说被教会杀害

《蒙娜丽莎》
达·芬奇的名画

地 中 海

凡尔登战役开始于 1916 年 2 月，是第一次世界大战中最为著名的战役。德法两国投入兵力超过 200 万人，经过 10 个月的激战双方阵亡人数超过 25 万，因此这次战役也被称为"凡尔登绞肉机"。最终法军抵挡住德军攻势，赢得战略性的胜利。

协约国

法国

乔治·克列孟梭

菲利普·贝当
指挥凡尔登战役

约瑟夫·霞飞
指挥马恩河会战

英国

英王乔治五世

约翰·杰利科
指挥日德兰海战

俄国

沙皇尼古拉二世

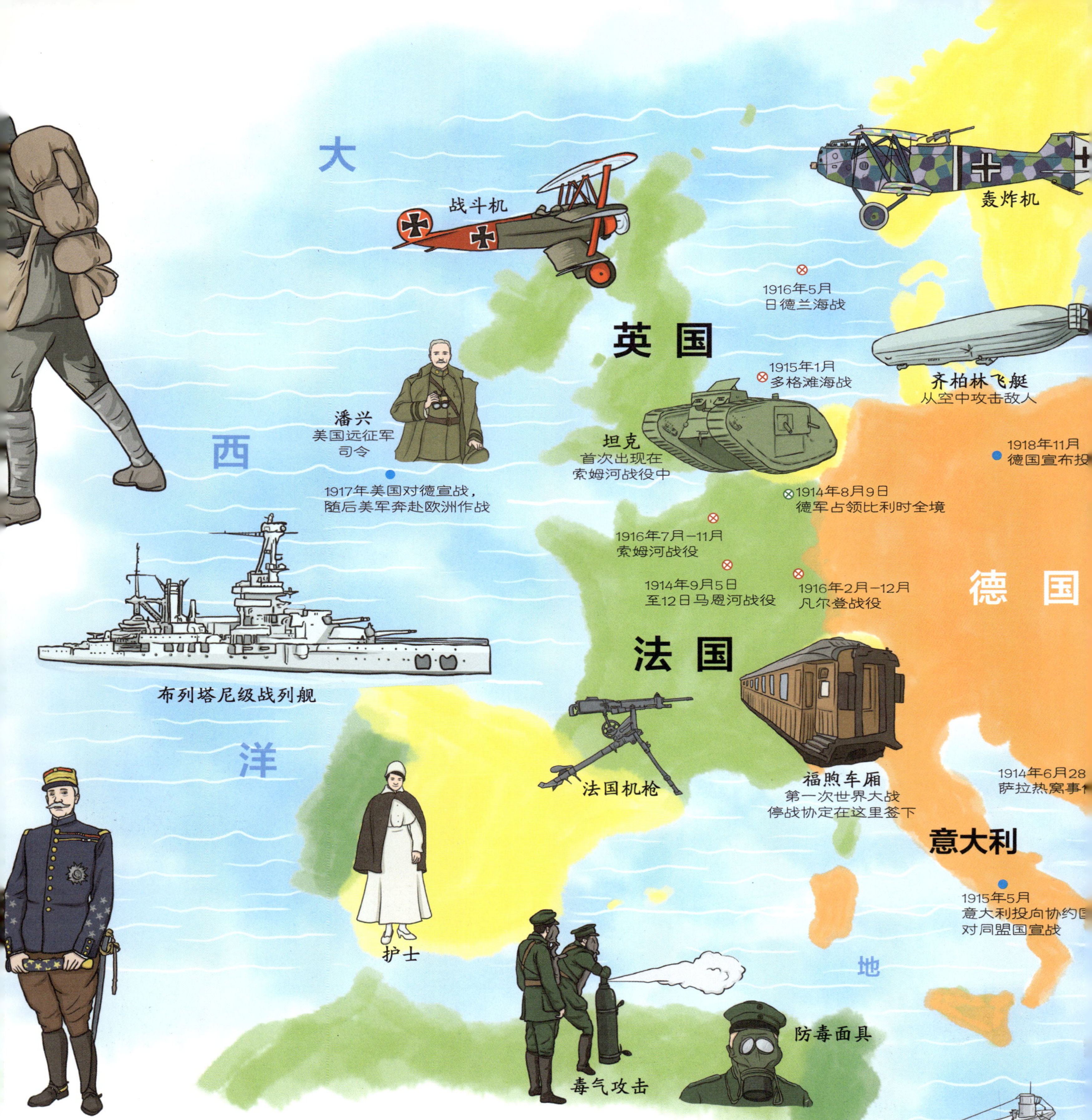

斐迪南 · 福煦是第一次世界大战中法国的陆军元帅，他在大战的最后阶段成为协约国联军的总司令，统一指挥英、法、美等国军队向德军发起总攻，为协约国战胜同盟国做出重大贡献。

中立国

⊗ 协约国主导结局的战役

⊗ 同盟国主导结局的战役

● 重要国际事件

注：此图显示为1918年欧洲形势

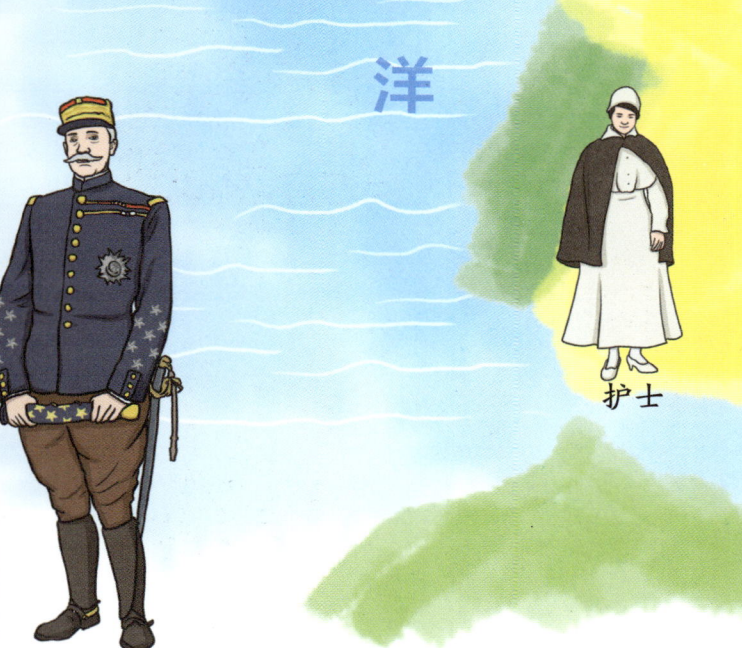

第一次世界大战

第一次世界大战发生在1914年至1918年间，是当时的列强为了重新瓜分世界而引发的一场非正义战争。战争主要发生在欧洲，但最终波及到全球绝大多数的国家。最终以英法俄为首的协约国集团战胜了以德奥为首的同盟国集团，但数以千万的人员伤亡以及巨额的经济损失也让交战各国受到重创。

萨拉热窝事件发生在1914年6月28日，这一天奥匈帝国的皇储斐迪南大公夫妇被塞尔维亚青年普林西普刺杀。之后奥匈帝国向塞尔维亚宣战，萨拉热窝事件也成为第一次世界大战的导火线。

日德兰海战是第一次世界大战中规模最大的海战，英德两国的海军主力舰队全面出动，在丹麦日德兰半岛附近海域决战。最终德军击沉了更多的英国战船，但英国舰队也成功地将德国海军全面封锁。

索姆河战役是英法联军与德军在法国北方索姆河区域展开的阵地战。这是第一次世界大战中规模最大的一次战役，双方伤亡总人数约130万。坦克也在这次战役中第一次被投入到战场上。

列宁

1917年11月列宁领导十月革命，之后俄国退出第一次世界大战

1917年3月8日
俄国爆发二月革命
沙皇退位

俄 国

德皇威廉二世

同盟国

德国

德国高射炮

钢盔

1915年5月德奥联军进击俄军

迫击炮

士兵

火炮

弗朗茨·约瑟夫一世

奥匈帝国

加夫里若·普林西普
刺杀斐迪南大公夫妇

奥匈帝国

1916年8月
罗马尼亚向同盟国宣战

1915年9月保加利亚加入同盟国
随后出兵进攻塞尔维亚

1914年10月
土耳其对协约国宣战

重机枪

巨型炮弹

意大利

开战不久倒向协约国，对同盟国宣战

1915年2月－1916年1月
加里波利之战
土耳其打败协约国联军

1917年3月
英军攻克巴格达

驱逐舰

巡洋舰

冲锋枪

1916年6月－1918年10月
阿拉伯起义

1917年12月
英军占领耶路撒冷

英国

- 陆地面积：约 24 万平方千米
- 人口：约 6235 万
- 首都：伦敦
- 货币：英镑

探索之旅开始啦

她屹立在欧洲大陆西北部的不列颠岛上，曾经是世界上最强大的国家。她第一个完成了工业革命，最终成就日不落帝国的美名。娇艳的玫瑰是她的象征，莎翁的妙笔让她更添文艺，快乐长寿的女王和她的人民一起，享受着这片上天眷顾的乐土。

英语

你会说英语吗？有26个字母的英语是世界上67个国家的官方语言。如果你能说一口流利的英语，除了可以在街上帮助迷路的外国人，还可以畅游世界。

1 ★ 英语

007
詹姆斯·邦德
神通广大的特工

苏格兰威士忌

设得兰群岛

苏格兰裙
男士也能穿的裙子

下午茶

奥克尼群岛

哈利·波特
骑扫把的魔法师

卓别林
著名喜剧演员

豪华轿车

阿伯丁

本内维斯山
海拔1347米
英国最高峰

苏格兰高地

格兰扁山脉

2 ★ 牛顿

大 西 洋

罗马帝国

罗马帝国是古罗马文明的一个重要阶段，也是世界历史上最强大的帝国之一。它在极盛时期经济繁荣，广阔的疆域把地中海变成了内海。它后来分裂为东西两部分，东罗马帝国一直到15世纪才被奥斯曼帝国灭亡。

恺撒大帝是扑克牌中手持战斧的方块K国王。他征服高卢，打败庞培，成为古罗马大权独揽的统治者。他最后被人刺杀，他死后，他的养子屋大维开创了罗马帝国并成为第一位皇帝。

屋大维是罗马帝国的开国君主，他在恺撒被刺杀后登上历史舞台。他平定了企图分裂罗马的内乱，结束了国家长期混战的局面。他统治罗马长达40多年，让帝国进入了一段和平稳定的辉煌时期。

尼禄是罗马史上著名的暴君，他既没有战功，也没有治国的才能，他靠着一场宫廷政变当上了罗马皇帝。传说，他为了修建新宫还放火烧毁了罗马城。由于他的暴政，罗马爆发了大规模的起义。最终元老院宣布尼禄为国家公敌，他也在逃亡途中自杀。

伦敦

- **陆地面积**：约 1577 平方千米
- **人口**：约 751 万
- **所属国家**：英国

探索之旅开始啦

她位于英国东南的泰晤士河畔，是欧洲最大的城市。她在约2000多年前由罗马人建立，随着大英帝国的崛起，她也迅速发展成为世界著名的大都会。这里拥有许多顶尖的博物馆和艺术画廊，全球最古老的地铁每天迎接着来自世界各地的游客光临。

1 威斯敏斯特宫

它坐落在泰晤士河边，是一座精美的哥特式建筑。它在19世纪时经过重新修建，成为一个拥有超过1000个房间的大型宫殿。如今它是英国议会的所在地，在这里你可以近距离地看到议员们激烈辩论的场景。

2 维多利亚女王

你听说过"日不落帝国"吗？英国正是在维多利亚女王在位时得到这一称号。她在位时间长达64年，在英国历史上排名第二。她在位期间英国发展稳定，是世界第一强国。她也成为英国和平与繁荣的象征。

3 霍金

知道什么是黑洞吗？这是霍金主要的研究内容。他是现代最伟大的物理学家之一，他提出人类可以建造进入未来的时光机。他在21岁时不幸患上渐冻症，全身只有眼睛和三根手指能动。

4 白金汉宫

你知道英国女王在哪里生活和办公吗？就是白金汉宫。它建于1703年，是英国举行国家庆典的重要场所。宫里的舞厅富丽堂皇，有很多珍贵的收藏展出。每天中午，这里还会有气派的皇家卫队换岗仪式，想看的话一定要提前占据好的位置。

5 福尔摩斯

如果你喜欢看侦探小说，那么你一定听过福尔摩斯的大名。他是英国小说家柯南·道尔塑造的一个侦探，善长通过观察和推理解决问题。他有一个可靠的朋友叫华生，他在小说里的家位于伦敦贝克街221B号，如今成立了福尔摩斯博物馆。

温布利球场 举办过许多重要的足球比赛

阿森纳足球俱乐部

诺丁山狂欢节

玫瑰

戴安娜王妃

肯辛顿宫 戴安娜王妃故居

海德公园 英国最大的皇家公园

帝国理工学院 世界著名大学

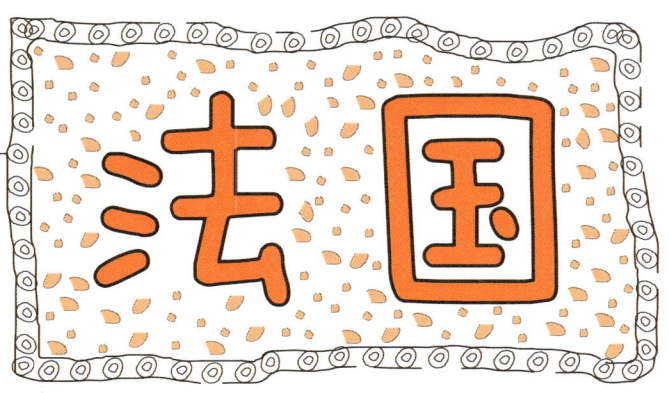

法国

🇫🇷
- 陆地面积：约 55 万平方千米
- 人口：约 6370 万
- 首都：巴黎　　货币：欧元
- 组织：申根国家、欧盟

探索之旅开始啦

她有着六边形一样的国土，从中世纪开始就成为欧洲的大国。这里有着精彩的历史故事和时尚的生活方式，蜗牛成了餐桌上的美食，公鸡成了国家的代名词。普罗旺斯的薰衣草、卢瓦尔河谷的古城堡、美酒飘香的波尔多……迷人的法兰西，风景不只在巴黎。

你玩过扑克牌吗？他就是不留胡须的红桃K国王。他善于征战，打遍欧洲各地，建立了国土广阔的王国。他死后，他的三个孙子把帝国分成法兰西、德意志、意大利三部分。

1 查理大帝

2 普罗旺斯

你见过薰衣草吗？普罗旺斯就是薰衣草的故乡。这里有阳光海岸和悠闲的小镇，梵·高、毕加索等画家都曾经来这里找寻灵感。你也可以跟着大人们去赶集，普罗旺斯的集市上有许多好吃的水果等着你。

已经100多岁的它矗立在塞纳河南岸，是巴黎最耀眼的建筑。100多层楼的高度足以俯瞰全城。如果你爬上1652级台阶来到第三层观景台，一定会有最震撼的风光等着你。

埃菲尔铁塔 3

4 高卢鸡

法国人的祖先是高卢人，高卢在拉丁语中和公鸡同音。高卢鸡代表着勇敢的战斗精神，被视为法兰西民族先祖的图腾。足球比赛时，人们还会把高卢鸡带入场内激励队员。

18　畅游欧洲

拉芒什海峡

米诺灯塔

《小王子》 极受欢迎的法国童话

雷恩

卡纳克石林 不知是谁立起几千块巨石

布列塔尼公爵城堡

大西洋

拉罗谢尔 海景美，海港大

戴高乐号航母 核动力，能载40架飞机

波尔多

巴黎

- 陆地面积：约105平方千米
- 人口：约220万
- 所属国家：法国

探索之旅开始啦

她横跨塞纳河两岸，是法国的首都和最大的城市。她有2000多年的悠久历史，享有美食之都、艺术之都等诸多美誉。这里有众多顶级的博物馆和名人故居，是文艺爱好者的天堂。如果你不想去热门景点排长队，那么在塞纳河畔悠闲地喝杯咖啡也是一种绝佳的体验。

1 凯旋门

它坐落在香榭丽舍大街的最西端，是为了纪念拿破仑在1806年的战争胜利而建。它巨大的立面上有四组精美的主题雕刻，正下方是无名烈士墓。如果你站在约十七层楼高的凯旋门顶端，还可以俯瞰巴黎的12条主要街道。

2 路易十四

你听说过"太阳王"吗？这是法国国王路易十四的尊号。他缔造了法国封建史上最鼎盛的时期，让法国成为当时欧洲最强大的国家。他在位时间长达72年，是世界历史上在位时间最长的君主之一。

3 雨果

你读过《巴黎圣母院》吗？这是雨果的代表作品。他是法国19世纪浪漫主义文学的代表作家，被人们称为"法国的莎士比亚"。他的写作生涯超过60年，作品包括诗歌、小说、剧本等，在世界范围内有着巨大的影响力。

4 凡尔赛宫

你去过故宫吗？凡尔赛宫就是法国人的"故宫"。它位于巴黎郊外的凡尔赛镇，曾经作为法国皇宫长达107年。凡尔赛宫建筑气派，装饰奢华，内部的镜厅、战争厅、国王寝宫等房间都值得细细观赏。

5 卢浮宫

你喜欢参观博物馆吗？塞纳河北岸的卢浮宫是世界四大博物馆之首。它原来是法国的王宫，经过八百多年的不断扩建达到如今的规模。卢浮宫收藏有超过40万件艺术精品，著名的《蒙娜丽莎》油画和断臂维纳斯雕像都珍藏在这里。

芭蕾舞

比熊犬

法网 顶级网球比赛

椴树

埃菲尔铁塔

歌剧

巴黎荣军院 拿破仑安葬在这里

游船

法国蜗牛

比利时

- 陆地面积：约3.1万平方千米
- 人口：约1104万
- 首都：布鲁塞尔
- 货币：欧元
- 组织：欧盟、申根国家

探索之旅开始啦

她位于欧洲的十字路口，是欧洲大陆最早进行工业革命的国家之一。她的国土面积不大，却处处充满了历史的韵味和文化的气息。大西洋的暖流让这里四季温和湿润，爱吃薯条的比利时人真诚友善，美味的巧克力是他们为客人准备的见面礼。

你喜欢吃薯条吗？它是比利时人最爱的食物之一。比利时自称是薯条的发源地，比利时全国约有5000个薯条摊，这里还有全世界第一个薯条博物馆。为了表示对薯条的喜爱，比利时人甚至为它发起了申请世界文化遗产的活动。

北海

佛兰德平原 根

布吕赫市政厅

布吕赫

秋海棠

莱厄河

游隼

图尔奈

图尔奈圣母大教堂

1 布吕赫钟楼

它矗立在布吕赫的市集广场上，是一座中世纪钟楼。它曾被用来收藏珍宝和档案，也用来观测危险状况。钟楼上的钟琴有46个钟铃，琴声美妙悦耳。若通过狭窄的366级台阶，登上83米高的钟楼顶端，可以将布吕赫的城市全景尽收眼底。

2 薯条

3 《丁丁历险记》

你喜欢看漫画吗？《丁丁历险记》是比利时漫画家埃尔热的著名作品，漫画描绘了主人公丁丁和他的宠物狗米卢在世界各地的冒险故事。《丁丁历险记》已经被翻译成包括中文在内的50多种语言，总销量2亿多册，感兴趣的话赶紧去书店看看吧。

4 滑铁卢

你还记得法国皇帝拿破仑吗？这位战无不胜的军事奇才正是在滑铁卢遭遇了人生中最大的一次失败。因为拿破仑，滑铁卢这个古朴宁静的小镇名声响彻世界，被人们用来形容惨痛的失败。

5 小于连

你听说过撒尿小童的故事吗？小于连被称为"布鲁塞尔第一公民"，传说他撒尿浇灭了入侵者炸药的导火线，拯救了布鲁塞尔。位于布鲁塞尔市中心的小于连雕像已有近400年的历史，他还拥有数百套世界各地人们赠送的服装。

畅游欧洲

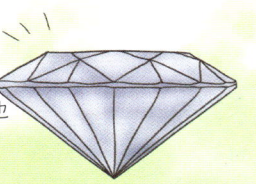
钻石
安特卫普是世界上最大的钻石加工地

虞美人
比利时国花

勒内·马格里特
画家

欧盟
总部位于布鲁塞尔

格拉文斯丁城堡
在中世纪建成并完整保存的古堡

安特卫普

安特卫普中央车站

乔治·勒梅特
首次提出宇宙大爆炸理论

阿道夫·萨克斯
乐器萨克斯的发明者

斯海尔德河

布鲁塞尔市政厅
拥有96米高的尖塔

勒芬

哈瑟尔特

萨克斯

鲜花地毯节

布鲁塞尔 6
首都

布鲁塞尔粗毛猎犬

《戴黑帽的男人》
勒内·马格里特的代表作品

23

畅游欧洲

贻贝

原子球塔

那慕尔城堡

列日

博特朗日山
海拔694米的比利时最高峰

蒙斯

那慕尔

默兹河

比利时马

华夫饼

比利时蓝牛
有一身强壮的肌肉

班什狂欢节
小丑吉尔是节日的主角

迪南

莫里斯·梅特林克
得过诺贝尔文学奖的剧作家和诗人

迪南圣母教堂和军事要塞

阿 登 高 原

山地自行车

足球

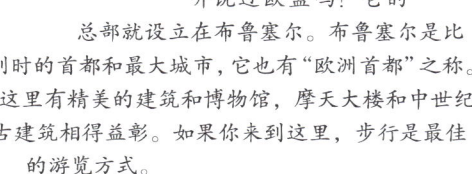
布鲁塞尔
听说过欧盟吗？它的总部就设立在布鲁塞尔。布鲁塞尔是比利时的首都和最大城市，它也有"欧洲首都"之称。这里有精美的建筑和博物馆，摩天大楼和中世纪古建筑相得益彰。如果你来到这里，步行是最佳的游览方式。

阿尔隆

巧克力

啤酒
比利时人喝啤酒时喜欢加干酪

荷兰

- 陆地面积：约 4.2 万平方千米
- 人口：约 1675 万
- 首都：阿姆斯特丹
- 货币：欧元
- 组织：欧盟、申根国家

探索之旅开始啦

她是世界著名的低地之国，全国约一半面积的土地低于海平面。17 世纪是她的黄金时代，为她赢得"海上马车夫"的美誉的各大洋上穿梭，悬挂着荷兰国旗的商船在世界的郁金香让他们的生活更加幸福安逸。这里的人们爱骑自行车，美丽的风车和芬芳

1 郁金香

荷兰有"鲜花之国"的美誉，郁金香是荷兰种植最多也是最著名的花卉。作为荷兰的"国花"，郁金香在 16 世纪时才被带到荷兰。在之后的几百年里，荷兰人把郁金香种满了国土的每一个角落，郁金香也成为荷兰的国家象征之一。

2 梵·高

如果你喜欢画画，那么你一定听过梵·高的名字。他是荷兰著名的印象派画家，他的作品对西方 20 世纪的绘画艺术有着深远的影响。他因为精神疾病困扰开枪自杀，在他去世后，他的作品成为珍贵的艺术收藏。

3 风车

格罗宁根大学
有 400 多年历史的著名大学

格罗宁根

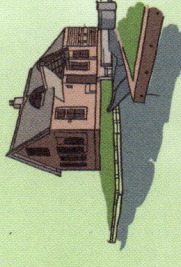
世界著名电子公司

羊角村
荷兰的威尼斯

联合利华
著名跨国公司

西弗里西亚群岛

瓦登海

《向日葵》
梵·高的著名画作

琵鹭
荷兰国鸟

艾瑟尔湖

沙滩度假

北

风车
你见过这么大的风车吧？荷兰被人们称

瑞士

- 陆地面积：约 4.1 万平方千米
- 人口：约 796 万
- 首都：伯尔尼
- 货币：瑞士法郎
- 组织：申根国家

探索之旅开始啦

她地处欧洲大陆的中央位置，历史上曾先后建过多个强大的帝国。她的国土形状像极了一把小提琴，这里也正因音乐而出名。如今她是世界上最富裕的国家之一，千姿百态的自然风光和优美的生活环境，让这里的每一片土地都充满无限诗意。

1 瑞士手表

你喜欢商场里的那些漂亮手表吗？瑞士是世界最大的钟表生产国之一，拥有许多世界著名的手表品牌。瑞士手表因为精美的做工和准确的走时享誉全球，其高昂的价格也让它成为少数人消费得起的奢侈物品。

2 格罗斯大教堂

它矗立在利马特河岸已经九百多年，是苏黎世的地标建筑。它的建筑风格独特，雄伟的双塔楼十分显眼。教堂内设有宗教改革博物馆，里面的彩画玻璃和凯撒大帝画像都是值得一看的艺术杰作。

- 威廉·退尔 — 瑞士的传奇英雄
- 阿彭策尔山地犬
- 巴塞尔
- 高山紫苑
- 斯巴伦门
- 阿勒河
- 汝拉山脉
- 纳沙泰尔湖
- 伯尔尼大教堂
- 伯尔尼钟楼 — 伯尔尼最古老的建筑
- 伯尔尼 — 首都
- 拉沃葡萄园梯田
- 洛桑
- 雪绒花 — 瑞士国花
- 瓦莱城堡
- 日内瓦湖
- 西庸城堡 — 著名的水上城堡
- 罗讷
- 锡永
- 日内瓦大喷泉 — 喷水高度可达140米
- 日内瓦
- 杜富尔峰 — 海拔4634米 瑞士最高
- 滑雪

瑞士

瑞士摔跤 起源于13世纪的古老运动

垂死狮子像 被称为世上最感人的石像

拉可雷特干酪 将奶酪加热融化后刮下来吃

雀巢公司 速溶咖啡很有名

莱茵河

博登湖

瑞士雇佣兵 曾因保护教皇获得荣誉

苏黎世大学 爱因斯坦的母校

圣伯纳犬

苏黎世

卡佩尔桥 桥上绘有120幅宗教历史油画

苏黎世湖

《行走的人》 贾科梅蒂雕塑作品

圣加仑

圣加仑修道院 修道院的图书馆中收藏有大量的古老书籍

楚格

卢塞恩

瑞士土豆饼

贾科梅蒂 雕塑大师

6 红十字会

你知道红十字会吗？它在1863年成立于瑞士日内瓦，是一个为战争受害者提供帮助的国际组织。它在全球80多个国家共有约1.3万名工作人员，他们致力于在世界范围内开展人道主义活动，它曾经三次获得诺贝尔和平奖。

卢塞恩湖

奶酪火锅

巧克力 牛奶巧克力是在瑞士发明的

库尔

因河

埃曼塔奶酪 表面有气孔

阿尔卑斯长号 牧民吹奏来召唤牲畜

阿尔卑斯野山羊 生活在阿尔卑斯山岩石间

阿尔卑斯山脉

贝林佐纳城堡

贝林佐纳

5 费德勒

UBS

马焦雷湖

卢加诺

4 瑞士军刀

你见过瑞士军刀吗？它又被称为万用刀，因瑞士军方为士兵配备这类刀具而得名。瑞士军刀由许多工具折叠在一起，最常见的基本工具有：圆珠笔、剪刀、开罐器、螺丝刀、镊子等。

你身边有喜欢打网球的人吗？费德勒是史上最伟大的网球运动员之一，他有18个大满贯赛事冠军以及无数的荣誉记录。他华丽的球风和优雅的绅士形象也被认为是网球运动员的典范。

3 瑞士银行

你有没有想过，为什么电视剧里的富人都喜欢把钱存进瑞士银行？瑞士银行是世界最大的资产管理企业之一，由于瑞士永久中立国的身份，它可以保证储户的财产不受战争的威胁。许多瑞士银行不需要储户提供真实身份，这也很好地保证了储户的隐私。

德国

- 陆地面积：约 36 万平方千米
- 人口：约 8180 万
- 首都：柏林
- 货币：欧元
- 组织：欧盟、申根国家

探索之旅开始啦

她曾是一块四分五裂的国土，经历了两次世界大战的失败，百折不挠的德意志人依然为她赢得世界的瞩目。这里有顶尖的科技和先进的思想，热爱生活的人民最爱啤酒和香肠。如果你觉得严谨的德国人稍欠风情，那么不妨去听一听贝多芬的浪漫钢琴曲。

★ 1 勃兰登堡门

已经 200 多岁的它是柏林唯一留存至今的城门，它象征着德国的统一和兴盛。门顶上高 5 米的胜利女神铜像曾经被拿破仑抢走，但它最终回到这里，张开有力的翅膀为德意志的威望和尊严代言。

★ 2 新天鹅堡

它建于 19 世纪晚期，是巴伐利亚国王路德维希二世的行宫。这位充满艺术气质的国王亲自参与设计了这座有着 300 多个房间的梦幻城堡，它优美的外形还成为迪士尼城堡的原型。

★ 3 马克思

如果你经常看新闻，那么你会经常听到马克思的名字。他创立了马克思主义，被许多国家驱逐，到处流亡，他自称"世界公民"，他和恩格斯的友谊是人类友谊的典范。

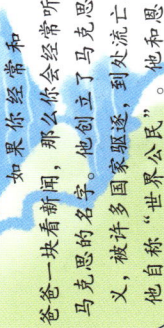
新天鹅堡

德国国会大厦

🚗 大众汽车

🏛 柏林 首都

波德平原

易北河

雄鹰

矢车菊
德国的国花

基尔

汉堡

货轮
汉堡是德国最重要的港口

不莱梅

汉诺威

波罗的海

北海

圣诞树
德国人最早开始装饰

碱水面包

奥地利

- 陆地面积：约8.4万平方千米
- 人口：约848万
- 首都：维也纳
- 货币：欧元
- 组织：欧盟、申根国家

探索之旅开始啦

她地处欧洲大陆的中央位置，历史上曾先后建立过多个强大的帝国。她的国土形状像极了一把小提琴，这里也正因音乐而出名。如今她是世界上最富裕的国家之一，千姿百态的自然风光和优美的生活环境，让这里的每一片土地都充满无限诗意。

你身边有小伙伴学过跳舞吗？华尔兹是起源于奥地利的一种民间舞曲，跳舞时两人成对旋转，因此也被称为圆舞曲。华尔兹从19世纪开始流行于西欧各国，小约翰·斯特劳斯被誉为"圆舞曲之王"，他最著名的作品是《蓝色多瑙河》。

2 华尔兹

如果你对音乐感兴趣，那么你一定听过莫扎特的大名。他4岁开始学习作曲，6岁时便登台演出，被人们誉为"音乐神童"。他在35岁时离奇去世，他留下的众多作品成为古典音乐的经典。

3 莫扎特

4 茜茜公主

她出生在巴伐利亚王国的一个贵族家庭，是奥地利历史上最著名的皇后。她以美丽的容貌和浪漫的气质受到人民的爱戴。她的一生充满传奇，曾经多次被改编为电视剧和电影，还有一部动画片《茜茜公主》。

维也纳苹果卷
皇家甜品的经典

萨尔茨堡

萨尔茨堡城堡
从未被攻破过的要塞

布雷根茨

西方狍

因河

因斯布鲁克黄金屋顶
屋顶装饰着镀金铜瓦

家燕
奥地利国鸟

阿尔卑斯山脉

大格洛克纳山
海拔3797米的奥地利最高山峰

跳台滑雪

卡尔尼施山脉

5 美泉宫

它位于维也纳的西南郊外，是一座精美的巴洛克式宫殿建筑。这里原本是奥地利皇帝打猎时所用的行宫，有大约1400个房间。宫内陈列着华丽的绣金马车，长廊上挂满了哈布斯堡王朝历代皇帝的肖像和记录画。

它位于多瑙河畔，是一座拥有1800多年历史的古城。它被誉为"世界音乐之都"，莫扎特、贝多芬、舒伯特等音乐大师都曾在这里谱写乐章。这里每年还会举行盛大的音乐节，为世界各地的音乐爱好者奉献精彩的音乐表演。

维也纳 ①

奥地利有许多世界著名的音乐家

小约翰·斯特劳斯
圆舞曲之王

舒伯特
被誉为"歌曲之王"

海顿
古典音乐大师

维也纳爱乐乐团
世界著名的交响乐团

水仙花

圣斯特凡大教堂

弗洛伊德
心理学家

林茨中央广场　林茨

多瑙河

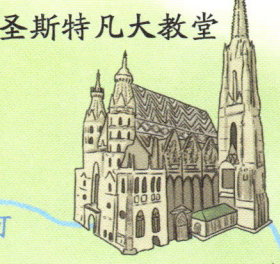
梅尔克修道院

圣珀尔腾

维也纳 ①
首都

维也纳国家歌剧院

葡萄酒

韦尔斯

维也纳咖啡

霍夫堡宫

维也纳盆地

艾森斯塔特

萨赫蛋糕
奥地利国宝级点心

皇帝松饼

炸牛排

塞默灵铁路
世界最早的高山铁路

爱斯特哈泽宫殿

城堡山钟塔

维也纳咖啡馆

岩羚羊

格拉茨

穆尔河

金雕

雪绒花
奥地利国花

克拉根福

菲拉赫

德劳河

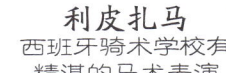
利皮扎马
西班牙骑术学校有精湛的马术表演

弗朗茨·约瑟夫一世
建立了奥匈帝国

卡尔大公
获得拿破仑认可的名将

31 畅游欧洲

维也纳

- 陆地面积：约 415 平方千米
- 人口：约 172 万
- 所属国家：奥地利

探索之旅开始啦

她是世界著名的音乐之都，贝多芬、莫扎特等古典音乐大师都曾在这里进行创作。作为曾经的帝国中心，这里留下了众多的皇家宫殿和经典建筑。蓝色的多瑙河绕城而过，精美的雕塑遍布城市的各个角落。这里非常适合步行参观，因为城里的每一处风景都不容错过。

1 欧根亲王

你喜欢听传奇的英雄故事吗？欧根亲王是历史上最伟大的军人之一，他在29岁便成为神圣罗马帝国的元帅。他曾多次打败强大的法国和奥斯曼土耳其帝国，是一位常胜将军。法国皇帝拿破仑也认为他是值得自己效仿的前辈名将之一。

2 维也纳金色大厅

如果你对音乐感兴趣，那么你一定听说过维也纳金色大厅。它是世界著名的音乐圣殿，音乐家们都以能在这里演奏为荣。中国的钢琴家郎朗和李云迪曾经受邀在此举办演奏会。这里每年举办的新年音乐会连奥地利总统也会出席。

3 圣斯特凡大教堂

它矗立在维也纳市中心的中央位置已经有八百多年，被视为维也纳的象征。它高耸的塔尖高达137米，沿着尖塔内部340多级的回旋楼梯可以到达塔顶，在那里可以将维也纳市区的美景尽收眼底。

4 舒伯特

你听过歌曲《魔王》吗？它是舒伯特的代表作之一。舒伯特是欧洲浪漫主义音乐的代表人物，在少年时就显示出自己过人的音乐创作才能。他在短短31年的生命中创作了1000多件作品，被人们誉为"歌曲之王"。他去世后被安葬在生前一直崇拜的贝多芬墓旁。

5 霍夫堡宫

它坐落在维也纳的市中心，曾经是奥地利哈布斯堡王朝的皇家宫殿。这里共有约1400间房间，内部装饰富丽奢华。如今这里除了作为奥地利总统的办公地，还成为重要的会展中心，奥地利历代皇帝的华丽服饰和珠宝都存放在宫内的珍宝馆中。

- 葡萄酒
- 萨赫蛋糕
- 莫扎特
- 维也纳市政厅
- 维也纳英雄广场
- 维也纳艺术史博物馆
- 美泉宫（欧洲第二大宫殿）

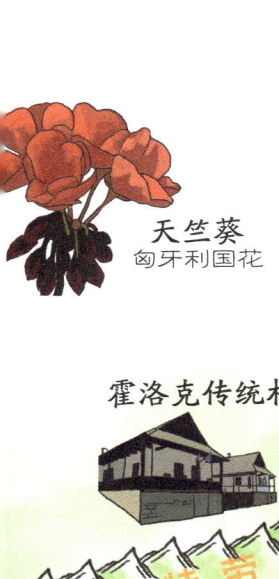
天竺葵
匈牙利国花

科达伊
音乐家

巴托克
作曲家

皮划艇

霍洛克传统村庄

凯凯什峰
海拔1015米的
匈牙利最高峰

米什科尔茨

马特劳山脉

埃格尔

尼赖吉哈佐

匈牙利牧羊犬

渔人堡
渔民们修建的城堡

普氏野马
生活在霍尔托
巴吉国家公园

埃格尔大教堂

德布勒森

海蓝德瓷器

匈牙利大平原

德布勒森大教堂

游轮

匈牙利灰牛

葡萄酒
"公牛血"葡萄酒很有名

凯奇凯梅特

蒂萨河

贝凯什乔包

鹅

伊什特万一世
匈牙利第一任国王

匈牙利牛肉汤

鹅肝

塞格德

匈牙利维兹拉犬

5 李斯特

你身边的小伙伴有人会弹钢琴吗？李斯特是匈牙利著名的音乐家，被人们誉为"钢琴之王"。他六岁开始学钢琴，先后跟随多位钢琴大师学习。他优雅的风度和无与伦比的演奏技巧，让无数听众着迷。

4 马加什教堂

它屹立在多瑙河畔已经七百多年，是历代匈牙利国王加冕仪式的举办之地。教堂的一角修建了高高的钟楼，彩色玻璃镶嵌的拱顶在阳光下熠熠生辉。教堂内还设有艺术博物馆，收藏了大量中世纪石刻以及匈牙利王冠。

畅游欧洲 35

你喜欢看动画片吗？《鼹鼠的故事》是捷克著名的动画片，圆头圆脑的小鼹鼠曾让许多人感到快乐和温暖。它有四十多种语言版本，在全球许多国家受到欢迎，有时间的话和家人一起看看吧。

1 《鼹鼠的故事》

2 奥斯卡·辛德勒

你看过《辛德勒的名单》吗？奥斯卡·辛德勒是电影中男主角的原型。他是一位成功的商人，他用钱财在战争中拯救了1000多名犹太人的生命。他去世后被安葬在耶路撒冷的锡安山上，每年都有许多幸存的犹太人及其后代来祭奠他。

畅游欧洲

4 卡夫卡

你读过《变形记》吗？它是著名作家卡夫卡的代表作品。他出生在一个犹太商人家庭，几乎一生都在布拉格生活。他是西方现代文学的鼻祖，布拉格的黄金巷22号是他曾经进行文学创作的地方。

它是一座拥有千年历史的欧洲名城，被歌德誉为"欧洲最美的城市"。这里有世界上最大的古堡，美丽的布拉格广场上矗立着各种风格的古老建筑。这里还是一座音乐之都，城里的音乐厅几乎每晚都有演出。

3 布拉格

厄尔士山脉

斯柯达汽车

利贝雷

捷克水晶

乌斯季

卡罗维发利　温泉回廊

查理大桥
国王加冕游行的必经之路

捷克饺子

3 布拉格
首都

5

圣芭拉教

波尔卡舞
捷克民间舞蹈

比尔森

比尔森啤酒
捷克人均喝啤酒量世界第一

布拉格瑟瑞克犬

捷克林山脉

烤猪肉

孟德尔
发现了遗传定律

米兰·昆德拉
小说家

伏尔塔瓦河

5 泰恩教堂

它坐落在布拉格旧城广场的后方，600多年来一直是这里的主要教堂。它的外表酷似童话世界的魔鬼堡垒，颇具神秘感。两个高高竖起的尖塔有20多层楼高，十分惹人注目。

波希米亚林山脉

捷克布杰约维采

CK小镇

捷克

- 陆地面积：约 7.9 万平方千米
- 人口：约 1056 万
- 首都：布拉格
- 货币：捷克克朗
- 组织：欧盟、申根国家

探索之旅开始啦

她位于欧洲的中部，整个国家是一个三面隆起的大盆地。她在历史上曾一度被奥地利的王朝统治，境内留有超过两千座古代城堡。这里文化氛围浓厚，走出了许多世界级的文学巨匠。文雅的捷克人酷爱啤酒，美味的中国菜也很对他们的胃口。

玫瑰 捷克国花
椴树 捷克国树
拉贝河
利托米什尔堡
帕尔杜比采
苏台德山脉
三位一体圣柱 柱子上有许多精美的宗教雕刻
俄斯特拉发
捷克梗
捷克福斯克犬
欧洲野兔
伊赫拉瓦
捷克传统服饰
奥洛莫乌茨
克罗梅日什花园及城堡 城堡和花园的经典组合
波希米亚－摩拉维亚高地
白头鹞
布尔诺
兹林
圣普罗皮乌斯大教堂 见证了犹太教与基督教共存
什皮尔伯克城堡
摩拉瓦河
滑冰
冰球
内德维德 足球明星
划艇 捷克几乎家家都有划艇

畅游欧洲

波兰

- 陆地面积：约 31 万平方千米
- 人口：约 3850 万
- 首都：华沙
- 货币：兹罗提
- 组织：欧盟、申根国家

探索之旅开始啦

她地处欧洲中部，地形以大片的平原为主。她的国土曾经三次被列强瓜分，太多的磨难造就了她不屈的精神意志。这里宗教氛围浓郁，大大小小的教堂里坐满了虔诚的波兰人。他们爱好伏特加和果酱，他们中既有严谨的科学家，也有浪漫的音乐家。

1 莫斯纳城堡

它坐落在波兰的西南，被誉为欧洲最美的城堡之一。这座哥特式的古堡拥有许多漂亮的钟楼和角塔，每年春季还会举办赏花节。

波罗的海

- 条顿骑士团 — 中世纪三大骑士团之一
- 哥白尼 — 第一个提出地球围绕太阳转的人
- 白鹰
- 欧洲野牛
- 格涅兹诺大教堂
- 波兹南
- 潘多斯基 — 传说中的波兰巫师
- 白尾海雕 — 波兰国鸟
- 绿山城
- 滑雪
- 足球
- 奥得河
- 弗罗茨瓦夫
- 百年厅
- 苏台德山脉

2 肖邦

你知道谁被称为"钢琴诗人"吗？他就是波兰音乐家肖邦。他7岁开始创作，不到20岁便已成名。他的作品以钢琴曲为主，曲调热情奔放，饱含着对祖国人民的热爱。为了发扬他的音乐精神，波兰每五年会举办一次肖邦国际钢琴赛。

丹麦

- 陆地面积：约 4.3 万平方千米
- 人口：约 552 万
- 首都：哥本哈根
- 货币：丹麦克朗
- 组织：欧盟、申根国家

探索之旅开始啦

她位于欧洲北部，曾经与挪威、瑞典组成强大的国家联盟。她有着世界上最早的国旗，被称为"丹麦人的力量"。这里的王室传承千年，流传有许多与传奇的故事。热爱奶酪和面包的丹麦人举止优雅，快乐地生活在安徒生笔下的童话王国。

★1 乐高玩具

如果你喜欢堆积木，那么你一定知道乐高的名字。它是世界著名的拼插玩具，曾经伴随无数孩子成长，小朋友可以用乐高拼出变化无穷的造型，因此它也被称为"魔术塑料积木"。

★2 安徒生

你听说过《丑小鸭》的故事吗？这是安徒生笔下的著名童话。安徒生被誉为"世界儿童文学的太阳"，他的作品《安徒生童话》被译为150多种语言，给全世界孩子带来了欢乐。下次睡觉前，让爸爸给你读一读他笔下的童话故事吧。

★3 丹麦曲奇

你喜欢吃饼干吗？丹麦曲奇是一种用鸡蛋、奶油等原料制作的饼干，松脆可口。每年快到圣诞节的时候，丹麦的家家户户都要准备至少四种曲奇，餐桌上由奇的种类多少也……

法罗群岛

鳕鱼

奥尔堡湾

水貂

奥尔堡

奶牛

维堡

古曾普河

卡曾普河

北海

长青

斯托河

自行车

B&O音乐设备

木春菊 丹麦的国花

天鹅 丹麦的国鸟

《丑小鸭》 安徒生著名童话

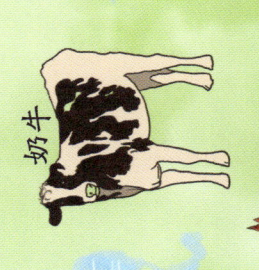

瑞典

🗺️ 陆地面积：约 45 万平方千米
👥 人口：约 948 万
🏛️ 首都：斯德哥尔摩
💰 货币：瑞典克朗
🌐 组织：欧盟、申根国家

探索之旅开始啦

她位于斯堪的纳维亚半岛，是北欧面积最大的国家。她有着强悍的海盗文化，17世纪时成为欧洲引强。如今的她经济发达，拥有许多著名的跨国公司。这里的人民生活自由、热爱自然，他们喜欢到野外远足以及参加各种体育活动。

★ 诺贝尔

你听说过诺贝尔奖吗？

它由瑞典化学家诺贝尔设立。诺贝尔一生拥有355项专利发明，其中最重要的发明是国体炸药。他一生没有结婚，用自己的巨额遗产设立了诺贝尔奖。中国的莫言和诺贝尔物理分别获得过诺贝尔文学奖和诺贝尔医学奖。

凯布讷山
海拔2117米的瑞典最高峰

乌鸦 瑞典的国鸟

驯鹿

瑞典冰水旅馆 世界上最大的冰建筑物

托尔讷河

基律纳

萨米人 居住在北极地区

棕熊

乌德湖

铃兰 瑞典的国花

吕勒河

吕勒奥

瑞典传统服饰

欧洲白蜡 瑞典的国树

斯堪的纳维亚山脉

英格玛·伯格曼 著名电影导演

于默奥

翁厄曼河

腌制三文鱼

公主蛋糕 蛋糕上面有玫瑰

瑞典肉丸

厄斯特松德

★ 沃尔沃汽车

你能在马路上认出沃尔沃汽车吗？沃尔沃创立于1927年，是瑞典著名的豪华汽车品牌，它被认为是汽车的代名词，它不断推出的安全发明赢得了无数车主的信任。

★ 宜家家居

你去过宜家家居店吗？宜家是目前世界最大的家具零售商，设计多样和美观风格，用实用特点著称，无论你喜爱哪一种风格，在宜家有能找到满意的商品。

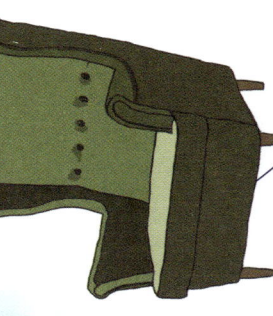

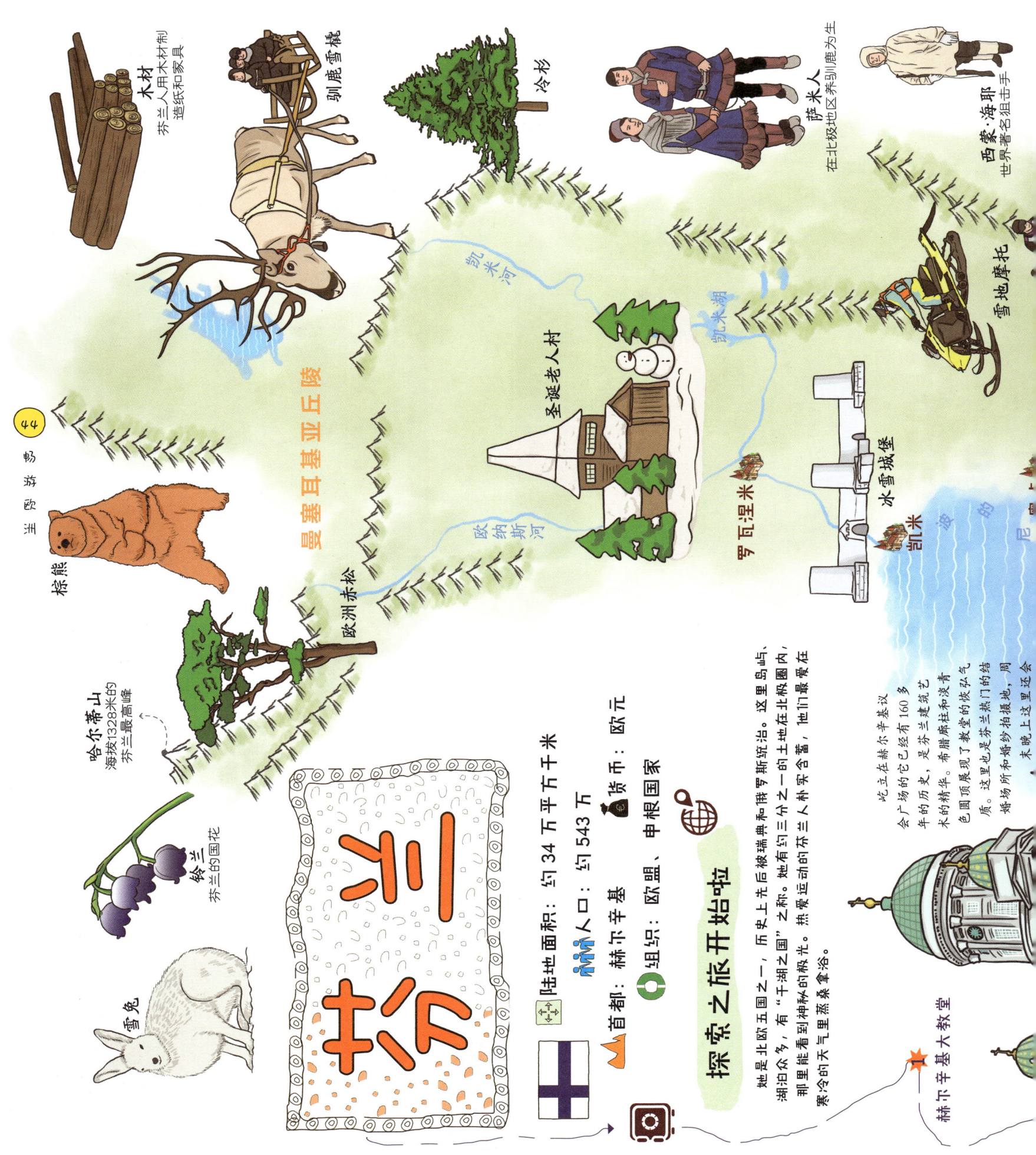

冰岛

- 陆地面积：约 10 万平方千米
- 人口：约 32 万
- 首都：雷克雅未克
- 货币：冰岛克朗
- 组织：申根国家

探索之旅开始啦

她是北大西洋中的一个岛国，维京人是这里最早的居民。她国土不大，人口也不多，但却有着很多的火山和地热温泉。这里的人们淳朴热情，他们相信世界上有精灵。这里的犯罪率很低，警察在这儿是最悠闲的职业之一。

1 雷克雅未克大教堂

它位于雷克雅未克市中心的山丘上，是冰岛最高的建筑之一。教堂有着独特的管风琴结构，主厅高30多米，可容纳1200人。教堂门口矗立着冰岛独立之父西格松的雕像，是美国为纪念冰岛建国1000周年赠送的礼物。

你和家人一块泡过温泉吗？冰岛是世界上温泉数量最多的国家，全国约有250个碱性温泉，其中最著名是蓝湖地热温泉。泡在清澈的蓝色湖水中，周围是壮观的火山岩，这是一种多么奇特的感觉！

2 地热温泉

3 火山

你在电视上见过火山吗？冰岛几乎整个国家都建立在火山岩石上，境内共有200多座火山，其中40多座是活火山。不时喷发的火山加上美丽的北极光，让冰岛充满了神秘奇幻的色彩。

- 三色堇 冰岛的国花
- 北极海鹦
- 伊萨菲厄泽
- 格陵兰鲨
- 北极狐
- 灰海豹
- 拉克斯内斯 文学家
- 比目鱼
- 大间歇泉 能喷出十层楼高的水柱
- 博尔加内斯
- 大西洋狼鱼
- 凯夫拉维克
- 4 雷克雅未克 首都
- 塞尔福斯
- 大西洋
- 埃亚菲亚德拉冰盖火山

畅游欧洲 48

西班牙

- 陆地面积：约51万平方千米
- 人口：约4704万
- 首都：马德里
- 货币：欧元
- 组织：欧盟、申根国家

探索之旅开始啦

她位于阳光明媚的伊比利亚半岛，威武的无敌舰队曾经从这里起航。她的子民充满激情，斗牛和弗拉门戈舞在这里最为流行。这里气候温和，风景绮丽，数量众多的艺术建筑和古老独特的民族活动，让她成为许多人心中最向往的国度。

1 斗牛

它起源于古代的祭神活动，被称为西班牙的国技。西班牙拥有300多座斗牛场，手拿红布、英姿飒爽的斗牛士备受人们的敬仰，甚至还有不少女性参与其中。

2 毕加索

你学过画画吗？毕加索是20世纪最伟大的画家之一。他一生创作了约37000件作品，他亲眼看到自己的作品被收藏进罗浮宫。他的作品《阿尔及尔女人》曾以1.79亿美元成交，创下艺术品拍卖成交价新纪录。

3 圣家族大教堂

它从1882年开始修建，是一座赎罪教堂。它是大建筑师高迪的遗作，是巴塞罗那当之无愧的地标。它至今仍未修建完成，但已经被列为世界遗产。

4 马德里

它从16世纪开始成为西班牙的首都，是欧洲文化名城。这里的博物馆里凝聚着各个时代的精华，街巷中融合着多种民族的文化。它还是第一个世界书都。

- 比斯开湾
- 埃库莱斯灯塔 — 世界最古老的灯塔
- 拉科鲁尼亚
- 坎塔布连山脉
- 石榴花 — 西班牙国花
- 古罗马水道桥 — 有2000多年历史
- 萨拉曼卡大教堂
- 杜罗河
- 萨拉曼卡
- 中央山脉
- 塔霍河
- 梅里达
- 古罗马剧场
- 塞维利亚大教堂 — 世界第三大教堂
- 科尔多瓦大清真寺 — 伊斯兰教与基督教文化并存
- 塞尔维亚
- 马拉加
- 大西洋
- 直布罗陀海峡 — 沟通地中海与大西洋

葡萄牙

陆地面积：约 9.2 万平方千米

人口：约 1071 万

首都：里斯本

货币：欧元

组织：欧盟、申根国家

探索之旅开始啦

她位于欧洲大陆的最西端，广阔的大西洋就这里开始。热爱探险的葡萄牙人开启了大航海时代的序幕，曾经庞大的葡萄大帝国，足迹到达了世界上53个国家的领土。这里风景优美，历史文化独特，更有葡挞、海鲜饭等美食让你大饱口福。

你知道葡萄牙最有名的音乐是什么吗？法朵被葡萄牙人视为"国粹"，已经具有150多年的历史。特殊的吉他伴奏，充满诗意的歌词以及歌者的美妙歌声，让法朵成为葡萄牙人表达情感的最佳方式。

1 法朵

如果你喜欢足球，那么你一定听过C罗的大名。他就是葡萄牙国家足球队的队长，也是世界足坛技艺最精湛的球员之一。他带领葡萄牙队在2016年欧洲杯成功夺冠，让他成为所有葡萄牙人心目中的国家英雄。

2 C罗

3 圆山台

它屹立在风景迷人的辛特拉小镇

布拉干萨

布拉加

葡萄牙花公鸡
葡萄牙的民俗象征

杜罗河

葡萄牙斗牛
骑在马上斗牛

托盘节
节日时女子

伊什特雷拉山
海拔1993米的
葡萄牙最高峰

伊什特雷拉山脉

波尔图主教堂

蒙德古河

科英布拉

路易斯一世大桥

布拉加大教堂

波尔图

伊比利亚猞猁
欧洲最大的猫科动物

金枪鱼

大西洋

意大利

🗺 **陆地面积**：约30万平方千米
👥 **人口**：约6060万
🏛 **首都**：罗马
💰 **货币**：欧元
🌐 **组织**：欧盟、申根国家

探索之旅开始啦

她的国土像长筒靴一样，踏入广阔深蓝的地中海中。这里英雄辈出，坚韧的古罗马人走出一条传奇的帝国之路。当蒙昧主义的烟雾弥漫，这里率先鼓起文艺复兴之风。罗马、佛罗伦萨、威尼斯……她的每一座城市都风韵独特，值得细细品味。

1 哈德良

在图拉真去世后以养子的身份继承了罗马帝位。他在位期间停止了东方战争，在不列颠岛上建造了"哈德良长城"抵御蛮族入侵。他还是一位博学多才的皇帝，在艺术、文学、数学等领域都有很深的造诣。

2 罗马

它曾是西方文明的中心，古罗马帝国在这里兴起。2700多年的建城历史让它拥有"永恒之城"的美誉。相传罗马城的建造者被母狼在当地的汁喂育，所以"母狼乳婴"的图案在当地十分流行。

3 威尼斯

它是一座世界著名的浪漫水城，100多个小小的岛组成的城市全部靠着水路相连。这里唯一的交通工具是船。是这里一年一度的狂欢节，人们戴着假发和面具疯狂庆祝。

4 比萨斜塔

你知道吗？相传伽利略就是在这里做的铁球实验，斜塔最初的设计其实是垂直的，建造讨论……

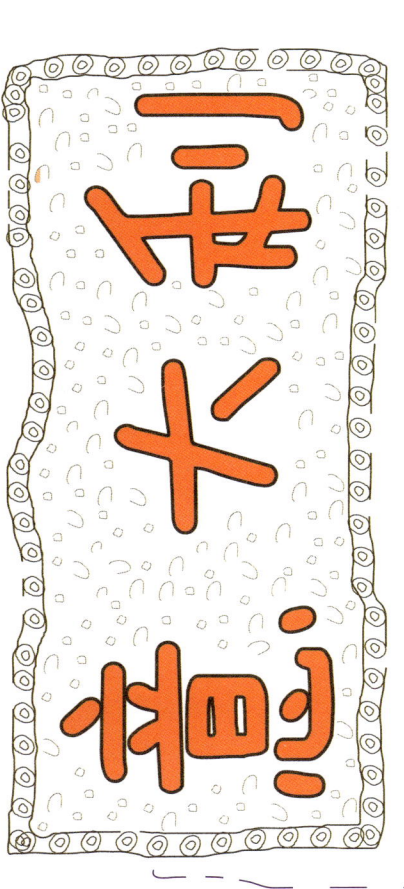

勃朗峰
海拔4810米
西欧最高峰

滑雪

都灵

米兰时装

米兰

米兰大教堂

阿尔卑斯山脉

维罗纳

波河平原

波河

3 威尼斯

总督宫

贡多拉
威尼斯的特色小船

热那亚

哥伦布

罗马

哈德良
在英国建造了"哈德良长城"

月桂树

- 陆地面积：约 1285 平方千米
- 人口：约 276 万
- 所属国家：意大利

探索之旅开始啦

她是古罗马文明的发源地，因为悠久的建城历史被人们誉为"永恒之城"。作为罗马教廷的所在地，这里是无数天主教信徒心中的圣地。这里有古老的街道和宏伟的建筑，你可以在广场上品尝一支美味的冰淇淋，去许愿池许下美好的心愿，享受一个悠长的罗马假日。

梵蒂冈博物馆

圣天使城堡
哈德良的安息之地

圣彼得广场
四周有284根大圆柱

1 教皇

你听说过天主教吗？教皇是天主教的宗教领袖，也是梵蒂冈的国家元首。第一任教皇圣彼得是耶稣十二门徒之一。教皇在历史上曾经拥有至高无上的权力，中世纪时的欧洲君主需要得到教皇的认可才能顺利加冕。

2 万神殿

它建于2000多年以前，是一座完整保存的罗马帝国时期建筑。它由屋大维的女婿阿格里帕主持建造，用来供奉奥林匹亚山上的诸神。万神殿的正面有16根高大的花岗岩石柱门廊，门廊顶部刻有初建时的纪念性文字。

3 许愿池

如果你看过电影《罗马假日》，那么你一定对里面的许愿池有印象。它是罗马最著名的喷泉，主体部位有精美的大理石海神雕像。传说只要背对许愿池，右手拿硬币越过左肩抛入池中，便有机会再次回到罗马。

4 圣彼得大教堂

它是世界上最大的圆顶教堂，修建时间长达120年。它可以同时容纳六万多人在场，是天主教最神圣的地方。米开朗基罗、拉斐尔等艺术大师都曾参与教堂的设计，教堂内也保存有众多珍贵的壁画和雕刻。

5 屋大维

你知道罗马帝国吗？屋大维是罗马帝国的开国皇帝。他是恺撒大帝的外甥，在恺撒被刺杀后登上政治舞台。他统治罗马长达40年，为罗马带来了两个世纪的和平与繁荣。他去世后，罗马元老院将他列入"神"的行列。

威尼斯

- 陆地面积：约 415 平方千米
- 人口：约 27 万
- 所属国家：意大利

探索之旅开始啦

她位于意大利东北部，是一座世界闻名的水上都市。这里的一百多个小岛全部以水道和桥梁相连，船在这儿是唯一的交通工具。这里就像一个正在演出的大舞台，路边演奏的古典音乐是优美的配乐，而你正巧是这场剧目的主演。

圣马可
威尼斯的保护神

番茄酱

威尼斯电影节
奖杯是金狮子

特隆凯托岛

鱼市场

飞狮
威尼斯的城徽

港口船坞

提香
文艺复兴时期画家

雷佐尼科宫
曾是提香的画室所在地

水上巴士

★1 《威尼斯商人》

你听说过夏洛克的名字吗？他是莎士比亚戏剧《威尼斯商人》中的角色。戏剧通过塑造夏洛克唯利是图的守财奴形象，歌颂了仁爱、友谊和爱情。威尼斯的里亚托桥就是戏剧的主要背景地，在那附近还有许多出售纪念品的小店。

★3 马可·波罗

你喜欢旅行吗？马可·波罗是13世纪威尼斯的旅行家和商人，他在17岁时跟随家人前往东方。他自称在中国游历了17年，还在元朝做了官。他回到意大利后，在一次作战中被俘。他的狱友根据他在监狱中的口述写下了著名的《马可·波罗游记》。

★2 圣马可大教堂

它是威尼斯的守护神圣马可的安息之处，曾是中世纪欧洲最大的教堂。教堂采用拜占庭建筑风格，总体呈希腊十字形造型。它有着黄金装饰的马赛克立面，在阳光的照射下非常耀眼，因此也被称为"金色大教堂"。

★4 圣马可钟楼

它耸立在圣马可广场已经五百多年，至今仍然是威尼斯最高的建筑之一。红砖砌成的钟楼最上方是金字塔状的尖塔，上面放置了一个天使形状的风向标。乘坐钟楼内的电梯到达顶端远眺，可以欣赏最完整的威尼斯风景。

希腊

- 陆地面积：约 13 万平方千米
- 人口：约 1140 万
- 首都：雅典
- 货币：欧元
- 组织：欧盟、申根国家

探索之旅开始啦

她是一个三面环海的浪漫国度，辉煌的古希腊是西方文明的摇篮。这里出现了许多著名的哲学家和科学家，曾经对世界历史造成了巨大的影响。这里还有优美的神话传说和传奇的英雄故事。爱好和平的希腊人喜欢赠送朋友橄榄枝。

1 帕特农神庙

它直立在雅典卫城的最高点，已经两千多年了，是为了纪念雅典战胜波斯侵略者的胜利而建。它的建筑基座有半个足球场那么大，庙顶由46根3层楼高的大理石柱撑起，显得雄伟非凡。

2 奥林匹克运动会

你看过奥运会吗？奥运会起源于两千多年前的古希腊小镇奥林匹亚，每4年举办一次，有赛跑、拳击、铁饼等项目。希腊也是现代奥运会的起源地，曾先后在1896年和2004年举办过第一届和第二十八届夏季奥运会。

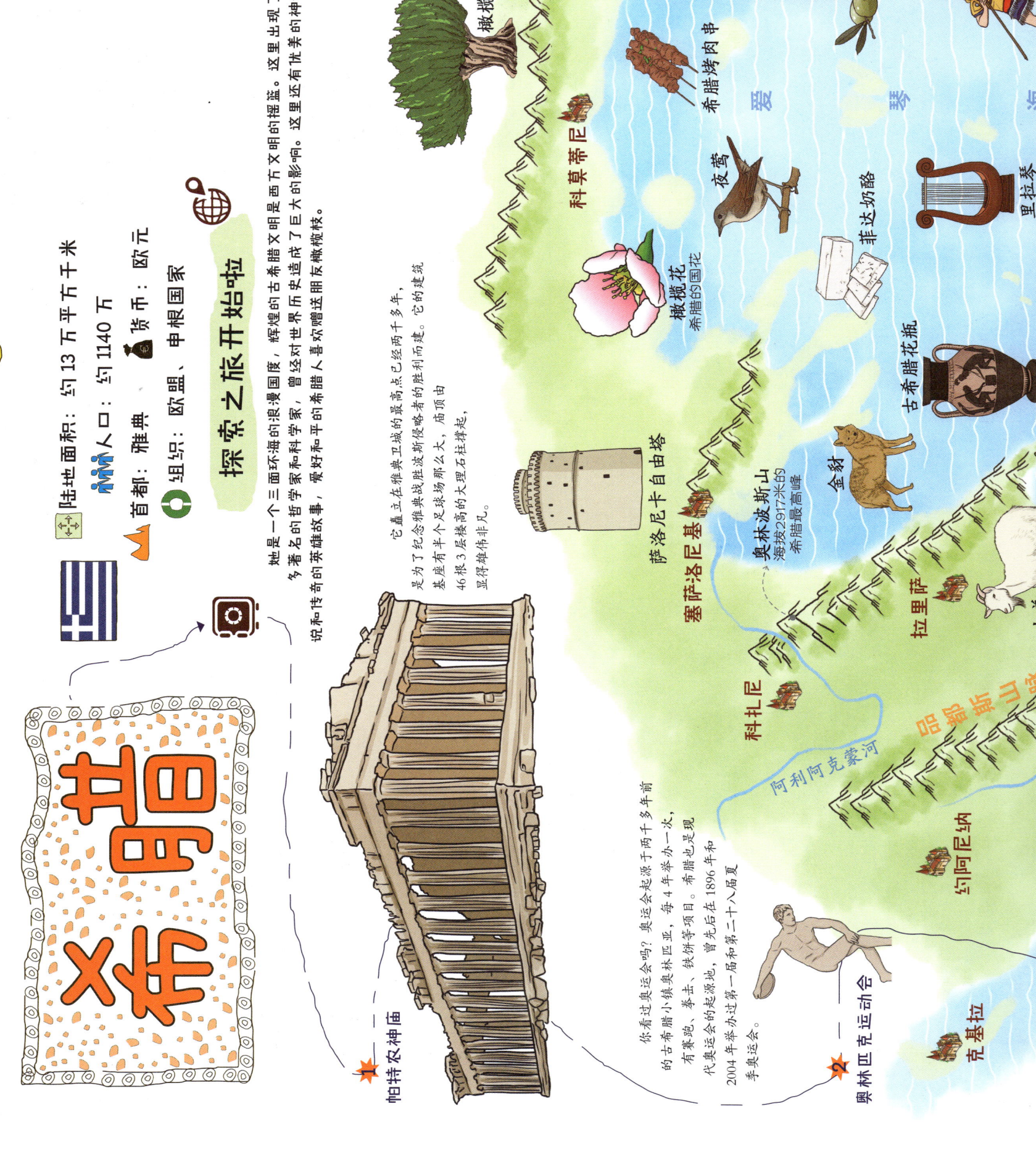

俄罗斯

- 陆地面积：约 1708 万平方千米
- 人口：约 14310 万
- 首都：莫斯科
- 货币：卢布

探索之旅开始啦

她的国土面积世界第一，却曾经一度被欧洲大国们视为落后的蛮荒之地。雄才大略的彼得大帝为她带来荣光，战无不胜的拿破仑在此吃到败仗。这里的人们勇敢强悍，被称为战斗民族。他们既能畅饮烈酒伏特加，也能演奏悦耳的三弦琴。

普京 俄罗斯人的偶像总统

桑搏 一种徒手格斗术

罗宋汤

向日葵 俄罗斯国花

体操

格瓦斯 面包味的饮料

夏宫 沙皇的避暑

圣彼得堡

叶卡捷琳娜宫 内部琥珀厅用琥珀和黄金装饰

伏特加 俄罗斯人爱喝的烈性酒

莫斯科大学

柴可夫斯基 创作了芭蕾舞剧《天鹅湖》

加加林 第一个进入太空的人

北极狐

北极熊

奥伊米亚康 地球上最冷的村庄

俄罗斯有许多世界级的大文

契诃夫 **高尔基**

西伯利亚雪橇犬

东北虎

俄罗斯饺子

叶卡捷琳堡滴血大教堂

俄式三弦琴

西伯利亚大铁路 长9000多千米的世界最长铁路

鱼子酱

套娃

俄罗斯全图

俄罗斯欧洲部分

巴伦支海 新地岛

阿芙乐尔号巡洋舰
因参加俄国十月革命而闻名

驯鹿

棕熊

猛犸象
一万多年前已经灭绝

阿尔汉格尔斯克

西伯利亚落叶松

乌拉尔山脉

冬宫

欧 **平** **原**

伏尔加河
欧洲最长河

...斯科

下诺夫哥罗德

喀山克里姆林宫

乌法

萨马拉

萨拉托夫

罗斯托夫

伏尔加格勒
"二战"中斯大林格勒保卫战在这里打响

滑雪

厄尔布鲁士山
海拔5642米的俄罗斯最高峰

里海

大高加索山脉

⭐1 列夫·托尔斯泰

你读过《战争与和平》吗？这是列夫·托尔斯泰的代表作品。他是俄罗斯人心目中最伟大的作家。他出身贵族，却自己耕作劳动。他关心农民，执着信念。他在晚年因为与妻子不和而离家出走，最后在火车站去世。

⭐2 克里姆林宫

它屹立在莫斯科的市中心已经800多年，最初只是一座木头城堡。它曾是沙皇的皇宫，有着无数美丽而雄伟的建筑。如果你来到克里姆林宫，登上81米高的伊凡大钟楼，可以将莫斯科的全景一览无余。

⭐3 芭蕾舞

你看过芭蕾舞表演吗？这种舞蹈在19世纪的俄罗斯走向繁荣。女演员在表演时常常脚尖点地，舞姿轻盈优美。柴可夫斯基创作的《天鹅湖》是世界最出名的芭蕾舞剧。

⭐4 普希金

你读过《假如生活欺骗了你》这首诗吗？这是普希金的代表作之一。他是俄罗斯历史上最伟大的诗人，也是现代俄国文学的奠基人。他曾经两度被流放，最终在一次决斗中被害。

⭐5 彼得大帝

他十岁登基，被认为是俄罗斯史上最杰出的沙皇。他坚持改革，让落后的俄罗斯成为欧洲的强国。他兴趣广泛，曾经在荷兰学过造船。他因为搭救士兵生病去世，留下一个生机勃勃的强大帝国。

畅游欧洲

莫斯科

- 陆地面积：约 2511 平方千米
- 人口：约 1150 万
- 所属国家：俄罗斯

探索之旅开始啦

她沿着蜿蜒的莫斯科河而建，是一座拥有八百多年历史的世界名城。这里有古老庄严的广场和色彩斑斓的教堂，鲜艳明亮的雕塑和装饰，让这里宛如童话世界。你也可以去瞻仰革命先烈或者是文学巨匠，或者去古色古香的阿尔巴特街悠闲漫步，细细品味城市的魅力。

1 列宁

你听说过"列宁主义"吗？列宁是著名的无产阶级革命家，他领导了十月革命，缔造了世界上第一个社会主义国家——苏联。列宁逝世后遗体被保存在水晶棺中，安葬在莫斯科红场上的列宁墓内供人们瞻仰。

2 莫斯科电视塔

高540米的它建于1968年，被称为"欧洲第一塔"。天气好的时候，登上337米高的瞭望台可以俯瞰莫斯科的全景。如果你有勇气，还可以去体验一下观景台的玻璃地面，非常刺激。

4 圣瓦西里大教堂

它矗立在莫斯科市中心的红场上已经四百多年，是为了纪念沙皇伊凡四世平定喀山汗国而建。它有着九个颜色绚丽的洋葱头形状的穹顶，在阳光下闪闪发光，好像童话中的城堡。

3 莫斯科大剧院

它是俄罗斯历史最悠久的剧院，巨大的柱廊式正门造型典雅，竖立着8根15米高的古希腊圆柱。这里的歌剧团和芭蕾舞团世界一流，无数艺术大师都曾在此登台表演。当地人常说，"没去过大剧院就等于没来过莫斯科。"

爱琴海

探索之旅开始啦

她位于希腊半岛和小亚细亚半岛之间,是地中海东部的一个大海湾。这里海岸线曲折,有众多的岛屿,仙度云尼岛的日落、米其龙土岛的风车以及充满艺术气息的伊兹拉岛,这里的每一片区域都有着让人沉醉的魔力。

1 特洛伊战争

特洛伊战争是希腊神话中的著名篇章。风流的王子帕里斯从希腊抢走了美丽的王后海伦,于是愤怒的希腊联军向特洛伊发起了长达十年的战争。最终大英雄阿喀琉斯杀死了特洛伊的首领赫克托尔,将这座城市入特洛伊城中,将这座城市掠夺一空。

2 圣托里尼岛

它是爱琴海上著名的旅游胜地,这里的蓝顶教堂和白色房屋与蔚蓝大海的组合非常著名。岛上的伊亚小镇在海边的悬崖上,被誉为世界上日落最美的地方。传统的希腊式风车和众多的纪念品商店都表现出浓厚的文艺气息。

3 忒修斯降服米诺牛

在很久以前,克里特岛上有座迷宫,里面有一只人身牛头的怪物米诺牛。雅典每隔9年要送7对童男童女给米诺牛作为食物。雅典国王爱琴的儿子忒修斯决心为民除害,如果杀死米诺牛就在返航时把船上的黑帆换成白帆。后来,忒修斯在克里特公主的帮助下杀死了米诺牛并安全出迷宫。他在启航回国时由于太兴奋,忘记了换白帆的约定,归来的船上挂的仍是黑帆,他以为儿子已经被米诺牛吃了,爱琴国王悲痛地跳海自尽,人们为了纪念他,就把那片海命名为爱琴海。

4 赫拉克勒斯

赫拉克勒斯是希腊神话中最伟大的英雄,他是宙斯与凡间女子生下的儿子。他小时候喝了天后赫拉的乳汁,因此有了无与伦比的神力。他完成了12项艰难的任务,还拯救了神界的危机。他死后升入奥林匹斯神山,被封为大力神。

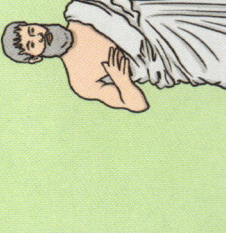

布尔萨

伊斯坦布尔

圣菲亚大教堂
教堂内的马赛克壁画很精美

滑翔伞

恰纳卡莱

特洛伊遗址
特洛伊战争的发生地

卡瓦拉

风筝冲浪

爱

亚历山大大帝
建立了强大的帝国

橄榄油

1 汉尼拔

如果你对军事感兴趣，那么你一定听过汉尼拔的大名。他是北非古国迦太基的名将，是和亚历山大大帝、恺撒大帝、拿破仑齐名的军事统帅。他曾在战争中多次击败强大的古罗马人，他最终也是因为罗马人的逼迫而服毒自尽。

2 耶路撒冷

它位于地中海东岸，同时是犹太教、基督教和伊斯兰教的圣城。这里既有严格的教规又有世俗的生活方式，历史悠久的老城内有哭墙、圆顶清真寺、圣墓教堂等著名景点。古老的历史遗址和现代化的建筑在这里共存，市内还拥有众多的文化艺术场所。

3 岛屿

地中海有着曲折的海岸线，岛屿众多。西西里岛是地中海上的第一大岛，这里走出了著名的国际性非法组织——黑手党。科西嘉岛是地中海中第四大岛，这里是法国皇帝拿破仑的故乡。此外，地中海上的撒丁岛、克里特岛等都是非常著名的旅游胜地。

地中海

探索之旅开始啦

她被三个大洲环抱，是世界上最古老的海洋之一。她的沿岸地区孕育了许多灿烂的古代文明，古埃及、古希腊、古罗马等响亮的名字都曾在这片蔚蓝的海水中荡起波纹。这里有迷人的海景风光和传奇的英雄故事，风味独特的地中海佳肴也是一个非来不可的理由。

橄榄树

欧洲

橄榄油

伊斯坦布尔

蓝色清真寺

亚洲

潜水

托罗斯山脉

雅典

潜艇

塞浦路斯岛

珊瑚礁

克诺索斯宫　克里特岛

石油开采

游艇

滑水运动

耶路撒冷

金字塔
古埃及法老的陵墓

开罗

苏伊士运河

利比亚高原

非洲

畅游欧洲

多瑙河

- 流域面积：约 81.7 万平方千米
- 河流长度：约 2850 千米
- 流经国家：10 个

探索之旅开始啦

她发源于德国的西南，是欧洲第二长河。她是世界上流经国家最多的河流，沿岸建设了上百个码头，是许多国家的运输大动脉。一曲《蓝色多瑙河》让她充满了文艺的味道，维也纳、布加勒斯特等历史名城更是她孕育出来的璀璨明珠。

⭐ 圣萨瓦寺

它坐落于贝尔格莱德老城东部的丘陵之上，是世界最大的东正教教堂。教堂内供奉的圣萨瓦是塞尔维亚东正教会的创始人。它巨大的青铜穹顶重4000吨，规模仅次于伊斯坦布尔的圣索非亚清真寺。教堂的周围还有一个公园，有许多孩子在那里玩耍。

3 雷根斯堡旧城

它是多瑙河畔的一个美丽古城，在古罗马时代便是多瑙河沿岸的重要城镇。旧城区内有着窄窄的石板路，中世纪的房屋、塔楼和修道院等建筑，与周围砖红色的房子构成了一幅古香古色的风景画。

4 德古拉伯爵

你听说过吸血鬼的故事吗？德古拉伯爵是最著名的吸血鬼形象，传说他长生不老，拥有强大的法力。他住在多瑙河下游的城堡里，总是穿着漂亮的衣服在夜晚出门。他彬彬有礼得像个绅士，最怕光和大蒜。狼人是德古拉伯爵最大的对手。

2 布加勒斯特

它建立在多瑙河下游的平原之上，是罗马尼亚的首都和最大的城市。这是一座拥有500多年历史的古城，有着"小巴黎"的美誉。城内花木成林，湖水片片，环境优美的像一座大花园。这里的罗马尼亚人民宫号称是世界第二大建筑物，非常值得一看。

1 坦克是一种强大的武器,它第一次出现在战场上是什么时候呢?

2 庞贝城是罗马帝国的重要城市,它因为什么原因突然消失在历史中?

3 诺贝尔奖创立于1900年,你能说出哪些中国人得过诺贝尔奖吗?

4 萨米人居住在北极地区,他们以养殖什么动物为生?

5 爱好冒险的维京人曾经在许多地方留下足迹,你知道他们的老家在哪儿吗?

6 达·芬奇是文艺复兴的代表人物,他的名画《蒙娜丽莎》现在收藏在哪里?

7 圣诞老人的故乡在哪里?

8 传说中的吸血鬼德古拉住在哪里?

9 罗马帝国在哪位皇帝在位时疆域达到最大?

10 小约翰·斯特劳斯最著名的圆舞曲是哪一首?

11 军事奇才拿破仑出生在哪座岛上?

12 欧盟拥有27个成员国,它的总部位于哪座城市?

13 达·伽马是葡萄牙著名的航海家,他开辟了哪条海上贸易路线?

14 安徒生著名的童话故事《丑小鸭》中,丑小鸭最后变成了什么?

15 在风车王国荷兰,什么颜色最受人们的欢迎?

16 莎士比亚著名戏剧《罗密欧与朱丽叶》的故事发生在哪里?

17 维多利亚女王统治时期,英国有一个响亮的名号你知道是什么吗?

18 水城威尼斯的城徽上有一个奇特的动物是什么?

19 马拉松比赛起源于古代的一场战争,你知道这场战争的双方分别是谁吗?

20 传说中用歌声迷惑船员的魔女罗蕾莱生活在哪条河流?

❶ 答案

坦克由英国最先发明，它最早出现在第一次世界大战期间的索姆河战役中。

❷ 答案

公元 79 年维苏威火山爆发，庞贝城被火山灰掩埋。

❸ 答案

莫言 2012 年获得诺贝尔文学奖，屠呦呦 2015 年获得诺贝尔医学奖。此外，杨振宁、丁肇中等海外华人更早获得诺贝尔奖。

❹ 答案

驯鹿。

❺ 答案

挪威、瑞典和丹麦是维京人的老家。

❻ 答案

《蒙娜丽莎》被收藏在法国巴黎卢浮宫，是该博物馆的镇馆之宝。

❼ 答案

芬兰罗瓦涅米是圣诞老人的家乡，那里的圣诞老人村是一个著名的景点。

❽ 答案

罗马尼亚的德古拉城堡。

❾ 答案

图拉真，他是罗马帝国"五贤帝"中的第二位。

❿ 答案

《蓝色多瑙河》。

⓫ 答案

科西嘉岛，地中海第四大岛。

⓬ 答案

比利时布鲁塞尔，它也有"欧洲的首都"之称。

⓭ 答案

从欧洲绕好望角到达印度的航海路线。

⓮ 答案

白天鹅。

⓯ 答案

橙色。它同时也是荷兰王室的象征颜色。

⓰ 答案

意大利维罗纳。

⓱ 答案

日不落帝国。当时英国在全球拥有广阔的殖民地，太阳无论何时都会照在它的领土上。

⓲ 答案

飞狮，它也是威尼斯的保护神——圣马可的标志。

⓳ 答案

波斯人和希腊人，史称希波战争。

⓴ 答案

莱茵河。